par Philippe Grimbert
Illustré par Laure Monloubou

Quand ça va
Quand ça va pas

leurs émotions expliquées aux enfants
(et aux parents !)

Les éditions Clochette

Pour Nell. Philippe
Pour Margot. Laure

« À quoi ça sert, une émotion ? »

Il s'en passe des choses dans la journée d'un enfant ! Pour lui, chaque rencontre est une surprise et c'est ce qui rend sa vie si riche en nouveautés, en découvertes… et en émotions. Comme l'adulte qu'il deviendra, il n'est jamais indifférent à ce qui l'entoure et il réagit dans l'instant aux nombreux événements de sa vie quotidienne, qu'ils soient heureux, malheureux ou surprenants.
Parfois, l'enfant est stimulé par ses émotions, parfois au contraire elles prennent trop de place et deviennent pour lui un empêchement, quand il ne peut les reconnaître ou les exprimer. Souhaitons que ce livre puisse l'aider, ainsi que ses parents, à nommer, contenir ou exploiter ces émotions qui sont le sel de la vie quotidienne.

Philippe Grimbert,
Psychanalyste et écrivain

Sommaire

C'est quoi une émotion ?
pages 6 à 15

la colère
page 16

la déception
page 18

le dégoût
page 20

la détestation
page 22

l'ennui
page 24

la fierté
page 26

l'impatience
page 28

l'inquiétude
page 30

la honte
page 32

la jalousie
page 34

la peur
page 36

le plaisir
page 38

la surprise
page 40

la tristesse
page 42

la joie
page 44

Que faire et
à qui s'adresser?
pages 46 à 49

Le glossaire
pages 50-51

Une émotion fait réagir ton esprit et ton corps en même temps : elle te fait rougir, trembler, t'agiter. Elle peut faire monter les larmes à tes yeux. Par exemple, la joie pourra faire battre ton cœur plus fort et te donner envie de sauter sur place !

Quelle est la différence entre une émotion et un sentiment ?

Les émotions et les sentiments sont très proches, mais les sentiments ne font pas toujours réagir ton corps. Ils peuvent durer très longtemps, comme l'amour que tu ressens pour ta famille, l'amitié pour tes copains ou tes copines.
Une émotion, au contraire, peut ne durer qu'un instant : une surprise, un chagrin, une contrariété devient une déception ou une peur. Par exemple, si tu croises le chemin d'un chien menaçant, cette vision provoquera en toi des pensées effrayantes, comme « Je vais me faire mordre », en même temps que des réactions physiques : tu pourras prendre tes jambes à ton cou, trembler, avoir les yeux qui s'agrandissent.

À quel âge ai-je ressenti mes premières émotions ?

Des émotions, tu en as éprouvé avant même ta naissance. En effet, même si tu ne peux pas t'en souvenir, tu ne dormais pas toute la journée dans le ventre de ta maman : tu entendais des bruits, tu pouvais faire la différence entre la voix de ta mère et celle de ton père, tu pouvais même sentir quand ta mère était joyeuse ou inquiète.

Pour les parents

Après les trois premiers mois de grossesse, on peut progressivement observer des réactions du fœtus par l'échographie. Il est alors probable que le fœtus peut ressentir le bien-être de sa mère, comme son angoisse, ceci de façon physique, psychique... et même chimique lorsque son stress libère des hormones, ces substances qui circulent dans le sang.

Comment est-ce que j'exprimais mes émotions dans le ventre de ma mère ?

Quand tu n'étais pas encore né, la seule façon que tu avais d'exprimer tes émotions était de t'agiter, de te retourner ou même, pour t'apaiser, de sucer ton pouce… mais oui, déjà ! C'est aussi ce que tu feras les premiers mois de ta vie, avec en plus la possibilité de crier ! On a cru pendant très longtemps que le bébé n'éprouvait pas d'émotions parce qu'il ne pouvait pas « dire » ce qu'il ressentait. On a même autrefois opéré des bébés sans les endormir parce que l'on pensait qu'ils ne connaissaient pas la douleur !

Pour les parents

On sait maintenant, grâce aux progrès de la pédiatrie, de l'haptonomie[1] (une science qui s'intéresse, entre autres, à la vie affective du fœtus) et de la psychologie, que le bébé ressent beaucoup d'émotions. Et elles sont d'autant plus fortes qu'il ne peut pas les exprimer avec des mots, ces mots qui lui permettront plus tard de les nommer, donc de les contrôler et surtout de les partager avec ses proches. Alors, c'est tout son corps qui va parler pour lui : c'est pour cela que les bébés hurlent et s'agitent quand ils ont faim, quand ils ont fait dans leurs couches, mais aussi quand ils sont contents, quand ils ont peur ou se sentent seuls. À cet âge, comment se faire comprendre autrement que par des pleurs ou des cris ? Comme le bébé est trop petit pour comprendre que sa mère va revenir quand elle quitte la chambre, il n'a pas d'autre moyen que de crier très fort, tendre les bras ou pleurer, sa seule façon d'exprimer ses émotions les plus violentes : la peur de la solitude, de l'abandon, le manque d'une présence rassurante. Non, l'univers du tout-petit n'est pas toujours une bulle de tranquillité absolue...

C'est pour cela que les comptines et les berceuses que l'on chante à l'enfant avant qu'il s'endorme sont si importantes, même si leurs paroles sont d'une simplicité... enfantine : *Do Do l'enfant Do*, par exemple ! Et d'ailleurs, pourquoi les enfants aiment-ils tant les chansons ? Parce que, dans le ventre maternel, bébé ne comprenait pas les mots qui se disaient, il ne voyait pas non plus ce qui se passait à l'extérieur, mais il sentait la pulsation du cœur de sa mère et entendait la musique de sa voix : le monde extérieur lui parvenait donc comme une mélodie et un rythme... une chanson déjà ! C'est pourquoi les premières chansons qu'entendra l'enfant après sa naissance lui paraîtront familières. Elles donneront une forme et un contenu à ses émotions, car elles traitent de tous les aspects de la vie mentale.

Dans toutes les sociétés du monde, on parle aux jeunes enfants en chantonnant. Ce n'est pas parce qu'on les croit incapables de comprendre le sens des mots, mais c'est pour en adoucir la sonorité : parler à un enfant comme à un adulte, en utilisant le langage sans y mettre une intonation musicale et agréable, pourrait avoir sur le tout-petit un effet angoissant.

● Voir le glossaire page 50

Combien d'émotions puis-je ressentir en une journée ?

Comme les émotions ne durent pas longtemps (parfois quelques secondes seulement), tu peux en vivre de toutes sortes en une seule journée. Tu es épuisé à ton retour de l'école, après avoir sauté de joie pour une bonne note, tu as eu peur d'être interrogé, tu es triste d'avoir été grondé, honteux que ce soit devant tes camarades, tu as été en colère dans la cour de récréation après une bousculade, jaloux de ton copain qui s'est accaparé la trottinette, tu es fier de ton beau dessin, tu es heureux de voir mamie au goûter... Tout au long de ta journée, tu te seras dépensé physiquement, intellectuellement… et émotionnellement !

Ressent-on les mêmes émotions dans tous les pays du monde ?

Quel que soit le pays où l'on habite, sa couleur de peau, que l'on soit jeune ou vieux, on ressent tous des émotions, mais on ne les exprime pas de la même façon. Parfois même, on les cache. Mais le fait de ne pas les montrer ne les empêche pas d'exister.

Dans certaines cultures, on va apprendre aux garçons à combattre la peur, mais ils la ressentiront tout de même et, dans d'autres, on apprend aux filles à se soumettre, ce qui ne les empêchera pas d'éprouver de la colère et de la révolte.

Les garçons et les filles ressentent-ils les mêmes émotions ?

Oui, garçons et filles ressentent les mêmes émotions et non, les filles ne les ressentent pas davantage parce qu'elles sont des filles : simplement, elles s'autorisent plus souvent à les montrer ! Quand un garçon entend qu'il ne doit pas pleurer parce qu'il n'est pas une « fillette », il n'ose plus le faire et garde sa tristesse en lui. De leur côté, les filles osent moins montrer leur colère parce qu'on leur dit que la bagarre « C'est pour les garçons et, en plus, tu es très vilaine quand tu cries ».

Est-il bon d'exprimer ses émotions ?

Ce n'est pas parce qu'une émotion ne s'exprime pas qu'elle disparaît et souvent, quand tu ne parviens pas à dire ce que tu ressens, c'est ton corps qui va parler à sa façon, à travers le mal de ventre, les petits boutons, les rougeurs, le bégaiement, etc. Une émotion doit s'exprimer, sinon elle risque de se manifester d'une autre façon, sur ta peau ou tes organes, comme quelque chose de bouillant à l'intérieur de toi.

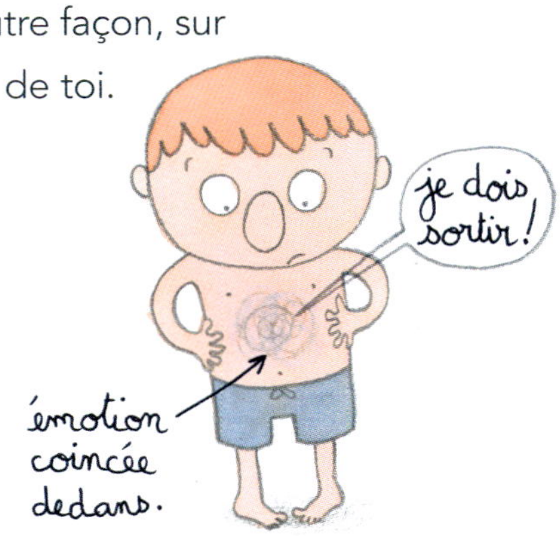

Y a-t-il de bonnes et de mauvaises émotions ?

Tu peux parfois avoir honte ou te sentir coupable d'éprouver certains sentiments ou certaines émotions, comme la colère ou la jalousie et pourtant il est tout à fait normal que tu les ressentes. Tu montres ainsi ta sensibilité et ton humanité, car les seuls à ne ressentir ni culpabilité ni honte à faire du mal sont les grands criminels, les dictateurs ou les tyrans[2] !

Pour les parents

Les philosophes font la différence entre les émotions instinctives (celles que l'on ressent naturellement et immédiatement) et les émotions cognitives (celles que l'éducation ou la culture ont développées). Les premières ne s'apprennent pas, contrairement aux secondes, qui sont très liées à l'éducation : par exemple, aimer très fort une musique ou adorer un plat dépend du souvenir que l'on en a, du moment où on l'a écoutée ou goûté la première fois, et avec qui. On peut développer, influencer les émotions cognitives, c'est pour cela qu'il est important d'aller au musée, de lire des livres, d'écouter de la musique, de goûter à plein de plats différents quand on est petit et même quand on est grand ! Les émotions cognitives peuvent aussi se développer quand on est sorti de l'enfance. Il n'est jamais trop tard pour développer des émotions et tel adulte qui n'aura jamais eu d'éducation musicale ou artistique peut tout à coup, à l'écoute d'une symphonie ou face à un tableau qu'il découvre pour la première fois, être submergé par une émotion nouvelle, ce qui représente un véritable enrichissement de sa vie psychique.

Ai-je hérité de la sensibilité de mes parents ?

Quand tu es né(e), tu ne savais encore rien faire (sauf téter et pleurer !), mais tu as appris très vite. Comme tu es l'enfant de ton papa et de ta maman, tu leur ressembles un peu physiquement, parfois beaucoup : pareil pour ton caractère. Tu as hérité de qualités et de défauts de l'un et de l'autre, ainsi que de leur sensibilité ! Par les gènes bien sûr, mais beaucoup plus encore par l'éducation.

Pour les parents

Comme chaque enfant est unique, il va développer de nouvelles dispositions, s'ajoutant à celles qu'il aura reçues de ses parents : un joli cocktail d'inné et d'acquis. L'INNÉ est ce que l'on a en soi depuis la naissance, ces qualités et ces défauts que la loterie génétique nous aura distribués avec plus ou moins de bonheur. L'ACQUIS est la somme des capacités, des qualités (mais parfois aussi des empêchements) que l'on acquiert tout au long de sa vie en apprenant, en jouant, en voyageant avec ses frères et sœurs, ses amis, ses parents, ses professeurs.

C'est pour cela que frères et sœurs se ressemblent parfois si peu ! Ils sont de la même famille mais ne sont pas nés au même moment et leurs parents pouvaient être dans des états d'esprit très différents à l'arrivée de chaque nouvel enfant. Ils n'ont pas les mêmes amis, les mêmes professeurs qui les influencent, ils n'ont donc pas eu les mêmes expériences dans la vie. C'est vrai même pour les jumeaux !

● Voir le glossaire page 50

Comment faire si je suis trop émotif ?

Les émotions sont une part importante de ta vie, elles sont naturelles et utiles. Mais il peut arriver qu'elles prennent trop de place, ou qu'elles te secouent avec trop de force, au point de te faire souffrir et de t'empêcher de vivre tranquillement.

Que faire alors ?
Tu peux bien sûr en parler avec tes proches, ceux que tu aimes et en qui tu as confiance, mais si cela ne suffit pas, tes parents peuvent t'emmener consulter un psychologue. C'est quelqu'un qui est là pour t'écouter et te comprendre, qui ne répétera à personne ce que tu lui as confié, quelqu'un qui sait interpréter tes dessins et entendre ce qui ne va pas. C'est quelqu'un à qui tu peux tout dire, sans craindre qu'il te juge ou te punisse, à qui tu peux même parler des émotions ou des sentiments dont tu n'es pas fier(ère)...

Pour les parents

Il est très rare qu'un jeune enfant demande à voir un psychologue, mais ses parents peuvent le convaincre au vu de certains signes, comme des difficultés de relation ou des problèmes scolaires. On ne peut pas attribuer ces derniers à de la paresse : les enfants ne sont pas paresseux, leur curiosité est sans limites et ils sont même infatigables ! Si l'école pose problème, c'est souvent parce qu'il y a un problème dans la vie de l'enfant et il n'est pas toujours facile pour lui d'en parler avec ses parents ou ses amis.

Quels sont les principales émotions et principaux sentiments ?

Tu les connais, même si tu ne peux pas toujours mettre un nom dessus :

la peur | la jalousie | la colère | l'angoisse | la tristesse

le plaisir | le dégoût | la haine | la joie | l'amour

la nostalgie | la surprise | ...

Ce sont des sentiments et des émotions que nous ressentons tous.

Pour les parents

Quand on tente d'en dresser la liste, on constate qu'il y a plus d'émotions « négatives » (plutôt désagréables) que « positives ». Pourquoi ?

La réponse se trouve sans doute dans l'histoire de l'humanité : les réactions émotives sont là pour nous aider à nous adapter à chaque situation de notre vie. Et, comme au début, notre aïeul l'homme préhistorique devait éviter les obstacles et les dangers mis sur sa route, il a surtout développé des mécanismes de défenses et de survie. Ainsi, par exemple, la peur lui servait de signal pour fuir les menaces, la colère lui donnait l'énergie nécessaire pour les combats, la répulsion lui permettait d'éviter ce qui pouvait être mauvais pour sa santé. Mais, comme on ne peut pas vivre tout le temps dans la peur, notre ancêtre a aussi recherché le plaisir à travers la joie et l'amour.

Ce qui était valable il y a des millénaires reste vrai aujourd'hui, d'une manière certes atténuée, mais les émotions ont gardé ce caractère de signal d'alarme ou de réservoir d'énergie pour répondre de façon adaptée à toutes les situations de la vie : elles sont le baromètre de notre vie affective. Utiles ou encombrantes, les émotions sont la plus belle part de notre humanité.

la colère

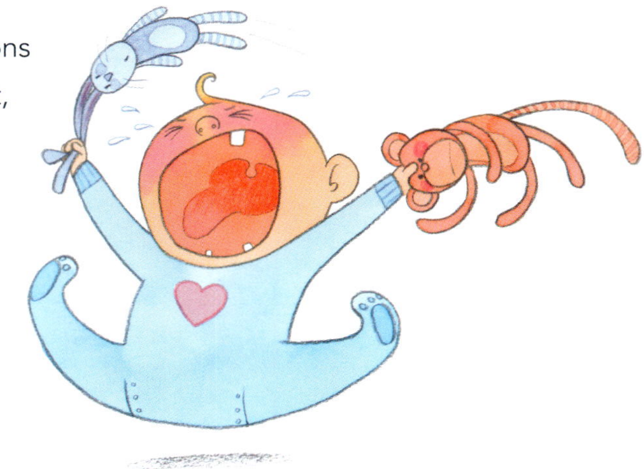

Tu connais bien la colère, c'est une des premières émotions que tu as ressenties, quand tu étais encore bébé. Souvent, tu te sentais bien dans ton berceau, tranquille et en sécurité, entouré de ta famille, mais souvent aussi tu avais faim, mal au ventre ou tu te sentais seul.

Alors, quand tu n'avais pas ce que tu voulais, tu rougissais, tu criais, tremblais, serrais les poings et tu avais envie de casser tout ce qui t'entourait. Tu avais même l'impression d'être plus fort que tout et de pouvoir détruire le monde entier avec ta colère.

La colère est une émotion normale et nécessaire que l'on ressent devant une injustice ou une agression.

Il est naturel que tu éprouves de la colère si, par exemple, on te maltraite ou si tu vois quelqu'un maltraiter un adulte, un enfant ou un animal. C'est rester indifférent qui ne serait pas normal.

Quand c'est une colère pour de bonnes raisons, elle est nécessaire, car elle te permet d'évacuer ce que tu ressens. Elle te libère.

Parfois, la colère est trop forte et permanente.

On dit alors de toi que tu es colérique, toujours débordé par ta colère dès que quelque chose ou quelqu'un te résiste.

C'est une mauvaise colère que tu ne parviens pas à arrêter. Elle peut faire du mal, à toi et aux autres, quand tu tapes sur des objets, des copains ou, au contraire, elle peut te donner de la fièvre ou mal au ventre quand tu n'oses pas la laisser sortir, par peur de blesser les autres que tu aimes.

Que faire ?

- Il faut permettre à l'enfant d'exprimer sa colère, car elle le libère dans un premier temps, mais l'amener à en expliquer les raisons. On peut ensuite plus facilement l'aider à se calmer.
- Qu'il soit une fille ou un garçon, pour qu'il ne soit pas tenté de faire du mal à ses amis ou à sa famille s'il est souvent en colère, on peut lui proposer de pratiquer un sport qui canalise l'agressivité, que ce soit du karaté ou de la boxe, du judo ou du football.
- Il est important de ne pas faire de chantage à l'amour, en laissant penser à l'enfant que sa colère nous a fait du mal et qu'il n'est donc plus « aimable ».
- Il faut trouver le moyen de lui apprendre à gérer la frustration, et non pas céder à tous ses caprices, pour ne pas en faire un adulte colérique.
- Il est important aussi de le contenir : un enfant en colère cherche toujours à ce que l'adulte lui impose des limites, ce qui le rassure.

la déception

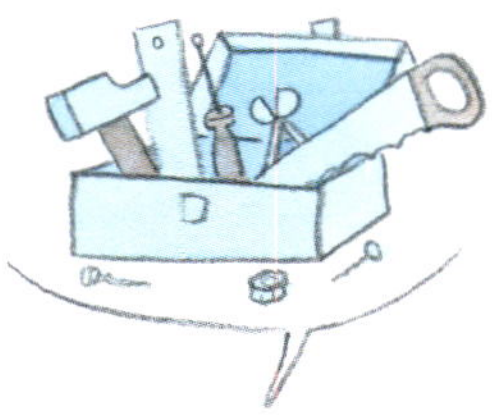

Tu as dû être déçu plus d'une fois...

lorsque ton cadeau de Noël ou d'anniversaire n'était pas celui que tu espérais, ta note en classe moins bonne que tu ne le croyais. Tu as été déçu lorsque tu attendais des félicitations qui ne sont pas venues ou qu'une fête dont tu te faisais une joie a été annulée. Tu as même pu être déçu par des amis qui n'ont pas été gentils avec toi…

Comment ne pas être déçu quand on attend quelque chose qui ne se produit pas ? Cela prouve au moins que tu as des désirs et des espoirs, que tu espères beaucoup de la vie et que tu sais imaginer à l'avance le plaisir que tu vas ressentir. Il faut pourtant faire l'expérience de la déception : elle t'apprend que la vie ne va pas toujours dans le sens que tu souhaiterais et à accepter que tes rêves ne se réalisent pas toujours.

Comment accepter ?

Si tu es toujours déçu, jamais satisfait de ce qui t'arrive ou de ce que l'on t'offre, il faut vraiment que tu réfléchisses, seul ou avec tes parents. Ils ont, eux aussi, connu des déceptions et peut-être sauront-ils t'aider à accepter la vie telle qu'elle est, à remplacer parfois le rêve par la réalité et à surmonter la déception en pensant à un nouveau projet, un nouvel espoir qui aura plus de chance de se réaliser.

Que faire ?

Ne pas craindre que l'enfant ait à faire l'expérience de la déception et ne pas chercher à tout prix à la lui éviter. Faire en sorte que l'enfant la dépasse, c'est aussi lui apprendre à supporter la frustration que la vie ne manquera pas, hélas, de lui apporter.

le dégoût

Tu sais que tu es dégoûté quand une odeur, un contact, la vue de quelque chose de sale ou d'un aliment que tu détestes te donne envie de vomir, te fait faire la grimace ou te donne des frissons désagréables.

Le dégoût peut aussi te protéger contre ce qui ne serait pas bon pour ta santé.

Le dégoût est très lié à notre façon de vivre et à nos habitudes alimentaires, suivant la partie du monde que l'on habite : les Français, par exemple, aiment les fromages qui sentent mauvais, ce qui peut dégoûter des personnes d'une autre culture, et les Amazoniens adorent déguster des chenilles vivantes !

Quand tu étais tout petit, tu n'étais pas facilement dégoûté.

C'est quelque chose qui est venu plus tard quand, en grandissant, tu as appris par toi-même ou par tes parents ce qui était propre ou sale, bon ou mauvais. Les tout petits enfants sont très peu dégoûtés par la saleté, leur caca par exemple ; ils peuvent même jouer avec. C'est parce qu'on leur apprend que c'est sale qu'ils deviennent dégoûtés. Quand on devient grand, on peut être dégoûté par les mauvaises odeurs des autres et très bien supporter les siennes.

Il peut arriver que tu sois dégoûté par la plupart des aliments.

C'est ce que les médecins appellent des phobies [3] alimentaires, qui peuvent mener à l'anorexie [4].

Tu peux aussi ressentir du dégoût face à certains contacts :

détester les bisous, par exemple, et avoir aussitôt envie d'aller se laver ! Ce dégoût exagéré de la saleté peut amener à te laver les mains vingt fois par jour, c'est ce que les médecins appellent des TOC [5], qui obligent celui qui en est atteint à des précautions sans fin, l'empêchant de vivre normalement.

Que faire ?

Ne pas forcer l'enfant à manger ce qui le dégoûte parce qu'il le vivrait comme une violence. Plutôt l'interroger sur les raisons de son dégoût : la couleur, la texture, l'origine de l'aliment, qui révéleront peut-être l'origine du malaise. Si ce dernier est trop important, ressemble à une phobie et amène des TOC, alors il vaut mieux consulter un psychothérapeute ou, si le trouble est isolé sans autre symptôme, un spécialiste des thérapies comportementales qui, comme avec les phobies, fonctionnent bien sur ce genre de problème.

● Voir le glossaire page 50

la détestation

Il t'est bien sûr arrivé de détester quelqu'un ou quelque chose.

C'est un mélange de colère et de rejet. Tu peux détester les épinards, les calculs… ou un copain qui a été méchant avec toi. C'est tout le contraire de l'amour, et ça peut t'amener à vouloir faire du mal à celui que tu détestes.
Il a même pu t'arriver, après une punition ou un refus de tes parents, de les détester très fort, l'espace d'un instant. C'est un sentiment très violent qui peut aller jusqu'à vouloir que l'autre disparaisse ou même meure, tout en sachant que cela te rendrait très malheureux. Ce sentiment très violent dure heureusement très peu !

Cela fait du bien sur le moment de dire les choses violentes que l'on a sur le cœur, de laisser parler sa colère et son rejet. Comme on sait que ce sentiment ne dure pas longtemps, ce n'est pas grave de parfois détester.

Si tu détestes tout, tout le monde et tout le temps, c'est que tu ne vas pas bien.

C'est très rare mais si cela arrive, il faut comprendre pourquoi tu en veux à ce point à tout ce qui t'entoure.

Que faire ?

Ne pas mépriser ni se moquer de son émotion mais plutôt demander à l'enfant les raisons de cette détestation qui le rend si désagréable. Qu'est-ce qui ne lui convient pas dans la vie qu'il mène ?
Lui dire que cela ne fait pas du tout plaisir à entendre, mais lui montrer aussi qu'il ne nous a pas blessés et que l'on continue à l'aimer.
Un cas particulier est celui d'un divorce, lorsque les parents se remarient chacun de leur côté : souvent, l'enfant dit alors qu'il déteste la nouvelle femme ou le nouveau mari qui, à ses yeux, prend la place de sa mère ou de son père.

On peut rassurer l'enfant qui a peur de perdre l'amour d'un de ses parents : il faut qu'il sache que si un homme et une femme peuvent ne plus s'aimer, il est en revanche un amour qui ne s'arrête jamais : celui d'un parent pour son enfant.
Pour ne pas envenimer les choses, il est évident que l'on ne doit jamais présenter le nouvel arrivant comme la nouvelle maman ou le nouveau papa : ils seraient aussitôt détestés !

l'ennui

j'm'ennuuuuiiiie...

Il y a des jours où tu ne sais pas quoi faire, où tu as l'impression qu'aucun jeu, aucun livre, aucune activité avec les autres ne va t'intéresser.

Le temps te semble très long et tu te dis : « Je m'ennuie, je m'ennuie ! » et tu as même envie que tes parents ou tes copains voient à quel point tu t'ennuies, peut-être pour qu'ils s'inquiètent et viennent à toi. C'est comme si tu te sentais vide et sans envie, même si tu es très entouré de jeux et d'objets.

Il est normal de ressentir des moments d'ennui, de temps à autre.

L'ennui n'est pas l'ennemi, il peut te permettre d'aller vers autre chose, d'apprendre à t'occuper de toi, à rêver, à faire fonctionner ton imagination. C'est aussi un moment de pause, face à toutes les activités qui remplissent ta journée : on a le droit de ne rien faire pendant un moment !

Quelque chose ne va pas quand…

tout t'ennuie à longueur de journée, que tu t'enfermes en toi-même et que tu restes trop souvent seul à ne rien faire. Dans ces cas-là, l'ennui devient une tristesse. Sans doute que quelque chose te cause du souci et t'empêche d'agir, de t'occuper.

Que faire ?

Il ne faut pas avoir peur de laisser un enfant s'ennuyer parce que c'est une manière de lui dire : « Occupe-toi de toi », de lui apprendre à se suffire à lui-même sans remplir à tout prix sa journée.
Il faut accepter que l'abondance de jeux et d'activités dont il dispose ne lui suffise pas et qu'il doive trouver en lui-même de quoi se nourrir. Il doit pouvoir se confronter au manque.

Il y a une différence importante entre le « *Ça m'ennuie* », qu'il faut bousculer, et le « *Je m'ennuie* » qui n'impose pas de réponse immédiate. On doit évidemment intervenir avec autorité quand un enfant dit « Ça m'ennuie de faire mes devoirs ». En revanche, il n'est pas nécessaire de combler aussitôt le vide quand l'enfant l'exprime en disant « Je m'ennuie ». Il faut, en revanche, y prêter attention si cet ennui est permanent, car il peut traduire un moment de déprime.

la fierté

Quand tu es content de toi…

après avoir réussi, quand on te félicite pour un bon résultat, tu ressens quelque chose qui s'appelle de la fierté. C'est un sentiment que tu peux éprouver seul, en te regardant dans le miroir, mais souvent c'est le regard admiratif des autres qui te fait te sentir fier.

La fierté est une belle récompense, c'est comme une médaille que tu t'offres à toi-même ou que les autres t'offrent quand tu as accompli quelque chose de bien.

C'est agréable d'être fier de ce que l'on a fait : on se redresse, on se sent plus grand. Mais s'il est bon d'être fier par moments, il est bon aussi de se montrer modeste [6] la plupart du temps.

Quand la fierté devient de la vanité, quand on est trop content de soi, trop vite et sans l'avoir vraiment mérité...

cela ne nous rend pas sympathique aux yeux des autres et cela peut leur donner envie de nous rabaisser : « Il fait le fier celui-là » ou « Elle est prétentieuse[7] celle-là ! »

Être fier et faire le fier, ce n'est pas la même chose et c'est peut-être parce que, au fond, tu manques de confiance en toi que tu as besoin de te rassurer en voulant toujours être le premier !

À l'inverse, si tu n'es jamais fier de toi, c'est peut-être que l'on ne t'a pas assez félicité, que tu n'as pas assez lu de fierté dans le regard de tes parents.

Que faire ?

Il y a un délicat équilibre à trouver : ne pas trop valoriser un enfant afin qu'il ne s'imagine pas être Superman, mais suffisamment lui montrer à quel point l'on est fier de lui, afin de lui donner confiance en lui-même. C'est d'abord dans le regard de ses parents que l'enfant trouve de quoi se construire.

● Voir le glossaire pages 51

l'impatience

Tu attends quelque chose, tu voudrais que cela arrive tout de suite…

et tu n'arrives pas à tenir en place, alors tes parents te disent : « Ne sois pas si impatient ! » Tu connais bien sûr ces moments où tu trépignes en attendant un cadeau, une sortie ou une fête.

Il est normal de manifester de l'impatience quand on attend un événement qui va nous faire plaisir.
Cela peut même être agréable d'attendre, car cette impatience fait partie du plaisir, comme se lécher les babines [8] en regardant le beau gâteau qui sera servi au dessert ! Être impatient montre que l'on a un appétit de vivre. Mais tu dois savoir aussi que plus vite on arrive au plaisir que l'on attendait, plus vite il se termine ! Il faut transformer l'impatience en joie avec l'idée que le moment de l'attente fait partie du plaisir.

Oui, le plaisir, c'est aussi l'attente du plaisir !

Il y a un problème quand tu ne peux jamais attendre...

que chaque chose doit t'arriver tout de suite et que tu veux que l'on te réponde immédiatement quand tu poses une question.

Cela peut te rendre nerveux et coléreux.

C'est comme lorsque tu étais bébé, que tu ne parlais pas encore et que tu ne pouvais pas imaginer les choses à l'avance. En effet, à l'époque, tu ne savais pas attendre si tu avais faim ou si tu avais besoin que l'on change ta couche. Tu étais dans l'impatience totale !

Si aujourd'hui encore tu ne peux pas supporter d'attendre, cela renvoie à cette période des débuts de ta vie. Tu n'en es peut-être pas sorti autant que tu le crois !

Que faire ?

Il est important d'apprendre à l'enfant à apprécier pleinement le moment qui précède le plaisir tant attendu, cela développe son imagination. Il faut lui faire comprendre ce qu'il y a de bon dans l'attente, qui est parfois même meilleure que l'instant vécu.
L'impatience maîtrisée permet d'apprécier « l'avant ». Par exemple : demain, il y a une fête que j'attends avec impatience. Je suis tellement content à l'idée de cette fête que j'imagine à l'avance le bonheur qu'elle va me donner, j'en déroule les étapes dans ma tête. Je peux ainsi profiter pleinement de ce moment qui précède la fête et faire ainsi durer le plaisir.

Voir le glossaire page 51

l'inquiétude

Être inquiet, c'est se faire du souci pour soi ou pour les autres, face à certaines situations de la vie.

Dans ces moments-là, tu ne te sens pas tranquille, tu penses sans arrêt à ce souci qui te gâche l'instant présent.

Il est normal de s'inquiéter quand c'est pour de bonnes raisons.

On s'inquiète pour soi-même si, par exemple, on va subir une opération importante, ou pour quelqu'un que l'on aime qui est malade, en danger ou n'a pas donné de ses nouvelles depuis très longtemps. S'inquiéter des autres veut aussi dire que l'on fait attention à eux, qu'ils comptent pour nous, et c'est donc une bonne chose. Il est naturel que tes parents s'inquiètent pour toi, car ils t'aiment et veulent te protéger.

Il y a un problème si tu t'inquiètes sans arrêt et pour de mauvaises raisons…

quand tu penses toujours qu'il va t'arriver, à toi ou aux autres, quelque chose de grave. Ton imagination te joue de mauvais tours si, par exemple, tes parents sont en retard et que tu as peur qu'ils aient eu un accident.

Le contraire de l'inquiétude, c'est la quiétude, autrement dit la tranquillité d'esprit, la sérénité.

Si tu en manques, c'est peut-être parce que tu es un peu trop sensible, ou que tes parents se sont fait trop de souci pour toi et que tu as hérité de leur inquiétude. Si tu sens que l'on est trop inquiet pour toi, tu finis par te sentir fragile et donc inquiet à ton tour !

Que faire ?

Face à un enfant inquiet en permanence, il est bon de se demander pourquoi cette sécurité de base lui manque. S'il se fait trop de souci pour sa santé et se croit toujours malade (ce que l'on appelle l'hypocondrie), peut-être a-t-on réagi trop dramatiquement à chacun de ses ennuis de santé. L'a-t-on trop protégé, a-t-on été trop inquiet pour lui? Sachant qu'il y a une inquiétude normale et une inquiétude disproportionnée, n'a-t-on pas trop souvent laissé parler la seconde? Ce sont de bonnes questions à se poser. Il est utile alors d'en parler avec l'enfant, de lui demander ce qu'il imagine pour désamorcer son inquiétude.

la honte

Tu te sens honteux quand tu as l'impression d'avoir fait quelque chose de mal...

et que tu penses être jugé par les autres. Tu as peut-être fait quelque chose que tes parents t'ont interdit et tu imagines leur réaction s'ils l'apprenaient.

La plupart des interdits nous viennent de l'éducation que nos parents nous ont donnée. Ils nous ont appris ce qui est bon et ce qui ne l'est pas, ce qui est mal et ce qui est bien, ce qui est propre et ce qui est sale. Et parfois, même si on est seul au moment où on fait quelque chose d'interdit, on entend au fond de soi la voix de nos parents, ce qui nous rend honteux.

Mais tu peux aussi te sentir honteux sans avoir commis de faute...

simplement parce que tu trouves ton cartable très laid ou ta nouvelle coupe de cheveux ratée et que tu imagines la réaction de tes copains !

Quand tu étais bébé, tu n'avais honte de rien...

tu pouvais tripoter des choses sales, te promener tout nu ou jouer avec ton zizi ou ta zézette. C'est l'éducation de tes parents qui t'a appris ce qui était permis ou non, surtout en public. Plus tard, c'est le regard des autres qui a pu te rendre honteux.

La honte a cependant son utilité.

C'est comme un signal, un guide de savoir-vivre qui t'empêche de faire quelque chose de mal ou de sale, qui te ferait rejeter par les autres. Elle montre que tu as le sens de ce qui peut se faire ou non en société.

Si tu as honte de toi, tu peux être très malheureux.

Cela montre que tu as une mauvaise image de toi-même et c'est pour cela que tu évites de te mettre en avant : chanter une chanson en public, par exemple. Il faut apprendre à accepter ce que tu es, car ta honte devient un obstacle à tout ce que tu veux entreprendre. La honte de soi, c'est un manque de liberté. Plus tard, en tant qu'adulte, il faudra te libérer du regard des autres pour ne plus avoir honte de toi. Il serait dommage aussi d'avoir honte de certaines « mauvaises » pensées qui peuvent te traverser l'esprit (faire du mal, se venger, souhaiter la mort de quelqu'un…) : nous avons tous des envies cachées et l'imagination permet de les réaliser en pensées, sans faire de mal à personne.

Que tu sois fille ou garçon, il serait dommage que tu aies honte de certaines choses qui te font plaisir, comme te caresser quand tu es seul. Si ces caresses sont agréables, c'est que la partie du corps qui donne ce plaisir est faite pour ça. Il est normal que tu aies envie d'explorer ton corps et te faire des petits câlins.

Que faire ?

Il est important de tout faire pour donner à l'enfant confiance en lui-même et l'aider à vaincre ses inhibitions, tout en ne le poussant pas à se mettre en avant si l'on sent que cela lui est trop difficile. Faire honte à un enfant c'est l'humilier, ce qui risque de créer en lui un sentiment d'infériorité.

la jalousie

On dit que la jalousie est un vilain défaut, pourtant il est normal d'être parfois jaloux et ça nous arrive à tous !

Tu peux te sentir jaloux d'un frère ou d'une sœur, du beau cartable neuf ou de la nouvelle tablette d'un copain. Mais tu peux être aussi jaloux de ce qu'il est capable de faire quand il montre son courage ou sa force en sport.

Tu peux être jaloux quand tu imagines que tes frères et sœurs sont les préférés. L'arrivée d'un petit frère ou d'une petite sœur peut te déplaire parce que tu as peur que le bébé soit plus aimé que toi. Tu n'oses pas le dire parce que tout le monde autour de toi se réjouit de son arrivée. Mais tu peux aussi, bien sûr, être content que la famille s'agrandisse et d'avoir un futur compagnon de jeux, ce qui n'empêchera pas un peu de jalousie d'apparaître de temps à autre !

La jalousie que tu ressens parfois en famille est naturelle, elle montre simplement que tu as besoin d'être aimé, comme nous tous ! Mais tu peux te rassurer et voir que le cœur des parents est élastique et s'agrandit à l'arrivée de chaque nouvel enfant.

La jalousie peut avoir un bon côté...

quand elle te donne envie de faire des efforts pour obtenir la même chose que ton copain. Si tu es jaloux de celui qui possède un très beau ballon ou une très belle poupée, qui a de très bonnes notes ou qui gagne à la course, tu as la possibilité de tout faire pour que tes parents t'offrent ce ballon ou cette poupée, en travaillant mieux en classe, par exemple, ou t'entraîner plus sérieusement en sport pour devenir le vainqueur de la course ! Mais tu peux aussi te dire que ce n'est pas ce que tu désires vraiment : d'autres choses t'attirent, qui te ressemblent plus et il y a des activités que tu réussis mieux que d'autres.

L'arrivée d'un petit frère ou d'une petite sœur…

peut te donner envie de redevenir un bébé pour que l'on s'occupe autant de toi. Ça peut aller loin, jusqu'à refaire pipi au lit, avoir envie de biberon ou pleurer pour la moindre chose ! Pense plutôt que tes parents sont heureux et fiers de te voir grandir et que tu seras pour le bébé le grand frère ou la grande sœur, qu'il va t'admirer et qu'il aura envie de t'imiter. Tu seras un modèle pour lui !

La jalousie peut te faire croire que l'autre est plus beau, plus grand, plus sportif, plus aimé.

Cette jalousie-là montre que tu n'as pas assez confiance en toi et que tu as toujours l'impression d'avoir moins que les autres. C'est comme si tu ne te sentais pas assez bien, et tu peux imaginer alors des qualités que l'autre n'a pas forcément. Être jaloux de tout le monde et tout le temps fait très mal. Quand la jalousie prend trop de place, il peut arriver qu'elle donne l'envie de taper l'autre ou de lui voler quelque chose, mais il faut savoir que l'on ne devient pas plus fort avec ce que l'on prend à l'autre.

Que faire ?

Il faut amener l'enfant à parler de cette « injustice » qu'il ressent, de ce manque qu'il veut combler avec les objets et les talents de l'autre et le rassurer là-dessus. Souvent, on ne voit chez l'autre que ce que l'on veut voir : nous avons tous des faiblesses et des manques, celui que l'on jalouse n'y fait pas exception !
On peut aussi se demander si on a donné à l'enfant assez confiance en lui, si on a été assez valorisant sur ce qui nous semble une évidence mais qu'il a cependant besoin d'entendre : notre amour pour lui et notre confiance en ses capacités.

la peur

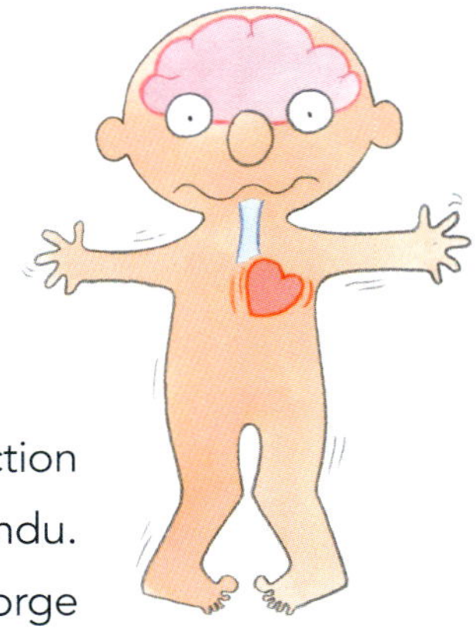

Dans ta vie de tous les jours, tu as déjà eu l'occasion d'avoir peur. La peur est une réaction de ton esprit et de ton corps que tu ressens face à un danger ou à un événement inattendu. Tu trembles, les battements de ton cœur s'accélèrent, tu as envie de fuir, tu as la gorge sèche. Tu peux ressentir différentes sortes de peur, plus ou moins fortes.

Il y a les peurs normales et utiles,

comme la peur du danger, des voitures qui vont trop vite, des animaux agressifs. Ces peurs-là te protègent, elles sont comme un signal d'alarme. Quand tu étais tout petit, tu n'avais pas conscience de certains dangers et, pour te protéger, tes parents t'ont appris ces peurs nécessaires.

Il y a aussi des peurs agréables,

celles que tu recherches et qui te chatouillent le creux du ventre : quand tes parents te font sauter dans leurs bras ou tourner comme un avion puis, plus tard, quand tu montes dans un manège, dans le train fantôme de la fête foraine, ou encore quand tu regardes des films de vampires !

Il existe une peur très particulière que l'on appelle l'angoisse.

Quand tu es angoissé, tu ressens quelque chose qui ressemble à de la peur, sans que tu saches exactement ce qui t'effraie. L'angoisse peut surgir alors qu'aucun danger ne te menace : tu ressens alors une peur, mais tu n'en conr ais pas la cause.

La peur peut te paralyser, mais aussi te stimuler [9]...

te donner la force et l'énergie dont tu as besoin face au danger ou tout simplement lors d'une compétition. C'est vrai aussi quand tu dois parler en public ou jouer dans un spectacle : cette peur que l'on appelle le trac est une sorte de vitamine qui amène à être meilleur en scène.

Quand tu as peur de tout, la vie devient alors bien compliquée.

C'est peut-être parce que tes parents ont eu trop souvent peur pour toi. Ils t'auront alors trop protégé et tu seras peut-être plus craintif que d'autres. Il se peut aussi qu'il te soit arrivé quelque chose de grave quand tu étais petit, et le souvenir de ce moment pénible fait que tout t'inquiète. Ce peut être aussi parce que tu n'es pas assez sûr de toi et que tu as toujours peur de ne pas être à la hauteur.

Il y a une sorte de peur que les adultes appellent la phobie [3].

Ta peur est alors beaucoup trop forte face à un animal, un insecte par exemple, ou un objet pourtant pas très effrayants dans la réalité.

Que faire ?

- Prendre au sérieux les peurs de l'enfant et ne pas le dévaloriser en ironisant sur ses craintes.
- Ne pas lui dire : « N'aie pas peur ! », sachant que la peur ne se commande pas, c'est tout aussi inutile que de lui dire : « N'aie pas mal ! »
- Il est important, au contraire, d'être à l'écoute de cette peur de l'enfant, de la prendre au sérieux pour qu'il se sente compris. Lui expliquer ensuite, lui permettre de réfléchir aux causes et lui donner des raisons de ne plus avoir peur.
- Si l'on a affaire à une véritable phobie, une peur qui paralyse et empêche l'enfant d'avoir une vie normale tant il est obsédé par l'idée de rencontrer l'objet de sa terreur, alors il faut aller avec lui consulter un psychothérapeute ou bien encore un psychologue comportementaliste (technique qui fonctionne bien avec ce genre de troubles).

● Voir le glossaire page 50-51

Quand ça va !

le plaisir

Il y a tellement de plaisirs à cueillir dans la vie, tu as le choix !

Plaisirs du jeu, des fêtes, de la gourmandise, de la compagnie des copains, d'apprendre des choses nouvelles… et bien d'autres !
Quand tu fais tes devoirs avec plaisir, c'est formidable !
Si tout ce que tu vis dans une journée est dans le plaisir, du petit déjeuner au bisou du soir, tu en as de la chance !

plaisirs de l'esprit

Tu peux avoir du plaisir à jouer, c'est évident, mais aussi à découvrir que tu sais lire facilement et que tu aimes ça, que tu as compris un problème de calcul, que tu connais plein de choses en histoire ou en géographie : cela s'appelle les plaisirs de l'esprit.

et du corps !

Tu peux aussi avoir du plaisir à découvrir ton corps, sa force, son endurance, les activités dans lesquelles il est à l'aise.

Que tu sois une fille ou un garçon, la découverte de ton corps peut te donner d'autres sortes de plaisirs quand tu te caresses et que cela te donne des frissons agréables. C'est tellement intime que cela ne peut se faire que quand tu es seul et à condition de ne pas te laisser caresser par d'autres ! Ton corps t'appartient ; quand tu auras grandi, tu pourras choisir celui ou celle avec qui tu pourras partager ce plaisir !

Quand tu es dans l'excès ou que tu en veux toujours plus, cela peut te faire du mal.

Manger trop, par exemple, ce qui s'appelle de la boulimie [10].

C'est vrai pour la nourriture, mais aussi pour les plaisirs de la vie si tu n'as jamais assez de jeux vidéo, de sport ou de télé.

Que faire ?

Les parents doivent s'interroger sur les manques de l'enfant qui le rendent insatiable. Quel est ce vide en lui qu'il ne parvient pas à combler?

Il est important d'en parler avec lui : est-il en manque d'amour, a-t-il besoin d'être rassuré en permanence?

S'il ne peut pas mettre un terme tout seul à son besoin continu de plaisir, il faut l'aider en sachant lui imposer des limites.

● Voir le glossaire page 51

la surprise

Tu es surpris quand il t'arrive quelque chose que tu n'attendais pas.

Tu sursautes, tu as le cœur qui s'accélère, tu rougis, tu cries. Il y a des surprises agréables, comme de recevoir un cadeau ou une fête d'anniversaire que l'on t'a préparée sans te prévenir. Mais il peut y avoir aussi des surprises désagréables, comme un chien qui bondit sur toi, une voiture qui klaxonne derrière toi ou un cadeau qui ne te plaît pas.

Roberta dans son état normal.

S'il n'y a aucun imprévu...

si tes journées se déroulent comme dans ton emploi du temps scolaire, alors ta vie devient monotone [11] et un peu grise : il est important que des surprises viennent lui donner des couleurs ! La vie t'en réserve beaucoup, il vaut mieux apprendre à te laisser bousculer !

Roberta surprise.

Quand elle provoque un frisson agréable, la surprise est une bonne chose.

C'est un petit changement dans ta vie qui te fait plaisir parce que, au fond de toi, tu sais ce qui te fait du bien et ce qui te dérange.

La surprise est mauvaise quand les choses ne se passent pas du tout comme tu l'avais imaginé.

Tu fais peut-être partie de ces enfants qui ne supportent pas les surprises, qu'elles soient bonnes ou mauvaises. Dans ce cas, tu fais tout pour t'assurer que les choses se passeront comme prévu.

Que faire ?

Avoir peur de sa propre réaction et ne pas supporter l'imprévu est un signe de grande fragilité.
Un enfant qui ne supporte pas les surprises oblige les parents à se remettre en question :

- soit on a trop souvent brusqué l'enfant et il est devenu craintif,
- soit on a trop protégé l'enfant et il n'a pas appris à faire face à l'imprévu.

Mais on peut changer en reconnaissant ses erreurs et en parlant à l'enfant : une surprise met de la fantaisie dans sa vie sans le mettre en danger.

● Voir le glossaire page 51

la tristesse

Il t'arrive bien sûr d'être triste : on ne peut pas être toujours joyeux et la vie n'est pas agréable tous les jours.

Il y a une différence entre la tristesse et le chagrin : la tristesse te fait paraître la vie un peu grise et rien ne te fait envie. Parfois, il peut même t'arriver d'être triste sans trop savoir pourquoi.

Le chagrin, lui, est lié à quelque chose de précis : ce peut être parce que tu t'es disputé avec un copain ou, plus grave, parce qu'il est arrivé un malheur à quelqu'un de ta famille. Ton corps réagit aux pensées tristes : tu p eures, tu te sens sans énergie, fatigué.

La tristesse fait partie de la vie : on ne peut pas toujours être dans la joie et l'excitation !

Il est normal que tu sois triste devant certaines situations douloureuses. Mais la tristesse peut aussi te donner envie de faire un dessin, d'écrire une poésie, de chanter ou de danser. Elle peut te rendre artiste. Ta tristesse montre que tu es sensible aux malheurs qui t'entourent : être triste, c'est être humain et DANS le monde.

Ressentir de la tristesse, c'est aussi, pour nous tous, accepter de ne pas être des super-héros. On ne peut pas toujours régler tous les problèmes, c'est triste mais c'est ainsi…

Quand la tristesse rend chaque jour difficile.

Si tu vas à l'école en pleurant, si tu es toujours tout seul à la récréation et que tu restes dans ton coin sans avoir envie d'aller vers les autres, alors ce n'est plus de la tristesse que tu ressens, mais plutôt ce que les adultes appellent de la « déprime ». Elle te donne l'impression que le monde qui t'entoure est trop méchant et trop dur. Il est important que tu en parles avec tes parents ou avec un psychologue qui t'aidera à comprendre d'où vient ce problème et à le surmonter.

Que faire ?

Un enfant qui a du chagrin peut en donner la raison : une brouille avec un copain, la disparition d'un proche ou d'un animal de compagnie, mais si l'enfant paraît triste en permanence et dit qu'il ne sait pas pourquoi, il faut se montrer vigilant.

- Ne pas minimiser la tristesse de l'enfant, mais en chercher les raisons avec lui. Il faut lui montrer que l'on a entendu son mal-être et que l'on voudrait l'aider même si on n'y arrive pas toujours.
- Ne jamais dire « Mais enfin, ne sois pas triste! » qui est aussi inutile que de lui dire « N'aie pas peur ».
- S'il a vu des images ou assisté à des scènes choquantes qui l'angoissent, il faut en parler avec lui et les lui expliquer.
- Si la tristesse de l'enfant provient des problèmes des parents, ceux-ci ne pourront pas l'aider parce que l'enfant n'osera pas ou ne voudra pas en parler avec eux.Dans ce cas-là, il est bon d'aller voir un psychologue qui comprend les dessins et les silences de l'enfant pour l'aider à mettre des mots sur sa tristesse, en comprendre la cause et l'en faire sortir.

la joie

La joie est la plus belle des émotions que tu puisses ressentir : elle éclaire tes journées, elle fait battre ton cœur, elle te donne envie de danser et de chanter ! La vie est lumineuse quand elle est remplie de petites et de grandes joies, qui te font oublier que le monde est parfois sombre et violent.

Il faut que tu apprennes à rester joyeux, à savoir profiter des bons moments de ta vie…

et rester à l'écoute de ces amies que sont tes émotions !
Laisse-les parler, écoute-les, elles donnent de bons conseils, elles te rendent intelligent, elles te disent que tu es quelqu'un de sensible, à l'écoute du monde et que tu n'es pas indifférent à ce qui t'entoure !

L'amour que tu portes à ta famille et à tes amis est une source de joie.

Celui que tu éprouveras pour celui ou celle avec qui tu voudras partager ta vie te fera ressentir toutes les émotions possibles…
Alors, si tu additionnes ces joies que te donnent la vie de famille, l'amitié, les fêtes ou la beauté de la nature, tu auras une idée de ce que peut être le bonheur.

Pour les parents

Que faire et à qui s'adresser ?

Avant de consulter un spécialiste, il faut toujours penser qu'une véritable écoute, ainsi qu'un vrai dialogue en famille peuvent résoudre la plupart des problèmes.

L'enfant en difficulté se sent souvent seul et incompris : il ressentira un vrai soulagement s'il rencontre, de la part de ses parents, un réel intérêt pour ce qui lui pose problème. Ne pas traiter un vrai mal-être comme un caprice, une vraie peur comme de la lâcheté, un vrai blocage scolaire comme de la paresse mais, au contraire, montrer à l'enfant que l'on a compris sa difficulté et que l'on va en chercher avec lui les causes. L'amener ainsi à en parler sans crainte de jugement.

Si le problème est plus profond, ou s'il est trop douloureux ou gênant pour l'enfant d'en parler avec ses parents, on peut alors faire appel à ceux qui pourront l'aider au mieux.

Il est vrai qu'il y a de quoi se perdre dans le catalogue de ces spécialistes. On sait qu'un orthophoniste réglera ses problèmes d'élocution ou certaines de ses difficultés scolaires, comme la dyslexie ; qu'un psychomotricien pourra lui redonner confiance en son corps en cas de dyspraxie ou de troubles de l'équilibre et de l'orientation ; mais, à quel psy l'adresser pour des troubles psychologiques ? Quelle différence y a-t-il entre un psychiatre, un psychologue et un psychothérapeute ?

Même si leurs compétences se chevauchent en certains domaines, chacun a sa spécificité.

LE PSYCHIATRE
PÉDOPSYCHIATRE POUR LES ENFANTS

est un médecin qui sait aussi écouter, qui peut diagnostiquer des troubles mentaux ou cérébraux, des plus légers aux plus profonds (psychose, autisme). Il peut être amené à prescrire des traitements à un enfant trop agité, trop angoissé ou souffrant de graves troubles psychiques. C'est lui aussi qui pourra indiquer la prise en charge la plus adaptée, guider les parents, leur donner des adresses de spécialistes (rééducateurs, psychologues ou psychothérapeutes).
C'est à lui en principe qu'il convient de s'adresser en premier lieu afin qu'il pose un diagnostic et prescrive le traitement ou la prise en charge la plus adaptée. On peut le consulter dans le privé ou en consultation publique (Centre Médico-Psycho-Pédagogique CMPP ou hôpital).

Si votre enfant présente des difficultés scolaires importantes (inhibitions, blocages, baisse importante des performances) ou présente des troubles du comportement ou de la personnalité (bizarreries, violence, perte de repères), il sera bon de commencer par établir un bilan psychologique.

LE PSYCHOLOGUE

peut faire passer des tests à un enfant afin de préciser les causes de ses difficultés :
- tests de niveau, qui permettent de déterminer son niveau intellectuel ou de développement, afin de déterminer son QI (quotient intellectuel) et pouvoir repérer les domaines dans lesquels il présente des déficits et sur lesquels il faudra travailler davantage.
- tests projectifs, qui permettent de déterminer de quel type de troubles psychiques il souffre, afin de lui apporter l'aide la plus adaptée.

Le psychologue, comme le psychiatre et le psychothérapeute, exerce dans le privé ou dans le public.

Si votre enfant est déprimé, inhibé en société, renfermé, triste sans pouvoir en donner la raison et s'il paraît disposé à entreprendre un travail sur lui-même, l'indication d'une psychothérapie s'impose.

Le psychothérapeute qui la plupart du temps est psychologue de formation, voire psychanalyste,

propose à l'enfant une écoute dans un espace confidentiel où il aura la liberté complète d'exprimer ce qui le fait souffrir en échangeant avec lui ou, s'il lui est trop difficile d'en parler, à travers des dessins, des modelages que ce spécialiste saura déchiffrer. Le principe général, inspiré de la psychanalyse, est de découvrir les causes inconscientes du malaise de l'enfant afin de l'aider à s'en défaire.

TOC ou phobies, quels traitements ?

Si votre enfant souffre de TOC (troubles obsessionnels compulsifs) qui l'obligent à des rituels qui handicapent sa vie quotidienne ou de phobies (terreurs provoquées par certaines situations pourtant banales, certains animaux ou insectes, certains transports en commun, etc.), deux traitements sont indiqués :

- soit une psychothérapie d'inspiration psychanalytique (véritable travail sur l'histoire familiale et les ressorts inconscients des difficultés traversées),
- soit une psychothérapie d'inspiration comportementaliste (davantage sur le versant du coaching).

Le psychologue comportementaliste est, quant à lui, formé aux thérapies comportementales et cognitives (TCC) qui proposent à l'enfant des exercices qui l'aident à vaincre ses inhibitions et ses peurs, particulièrement dans le cas de phobies ou de troubles obsessionnels compulsifs. Cette méthode agit davantage sur les symptômes que sur les causes.

En ce qui concerne les troubles psychiques plus graves, avec déficit mental important ou perte de la réalité, comme dans les psychoses et les autismes.

Le pédopsychiatre pourra :

- **orienter l'enfant vers des consultations ou établissements spécialisés :** Instituts médico-éducatifs, Hôpitaux de jour

- **ou prescrire des traitements adaptés :** neuroleptiques, antipsychotiques

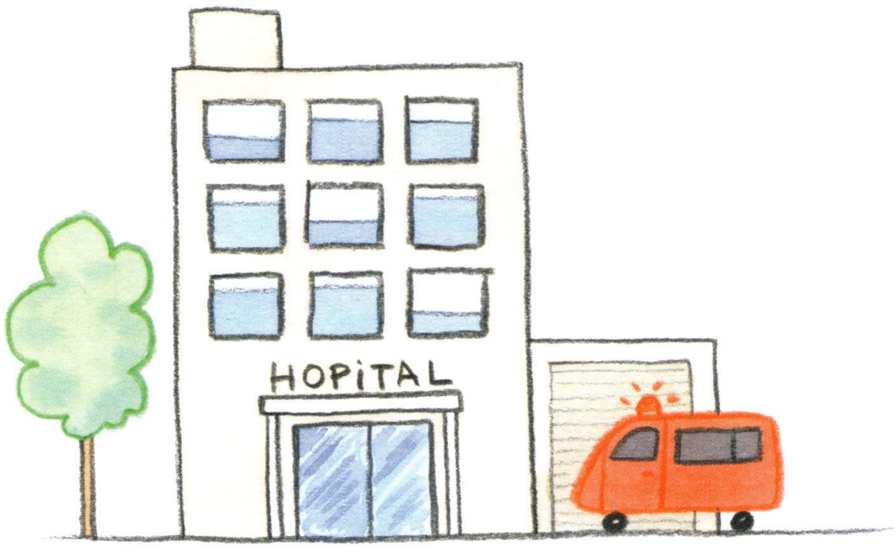

Il est important de ne pas se fier à des publicités ou à des annonces dans les magazines,

mais de demander ces adresses de confiance à votre médecin traitant, à votre pharmacien ou encore à des familles de votre connaissance qui ont consulté ces spécialistes et ont été satisfaites de leur capacité d'accueil et de leur compétence.

le glossaire

L'haptonomie

c'est quoi une émotion ? page 9

Technique de préparation à l'accouchement qui permet aux futurs parents d'entrer en contact avec leur bébé par des stimulations et des caresses.

1

Un tyran

c'est quoi une émotion ? page 12

Personne excessivement autoritaire qui abuse de son pouvoir.

2

La phobie

le dégoût et la peur pages 21 et 37

Crainte angoissante et injustifiée d'une situation, d'un objet ou de l'accomplissement d'une action.

3

L'anorexie

le dégoût page 21

Trouble du comportement alimentaire qui se caractérise par la perte de la sensation de faim et le souci de ne pas prendre de poids, accompagné d'une perturbation de l'image du corps. Ce trouble est présent surtout à l'adolescence et présente de graves risques pour la santé.

4

TOC (trouble obsessionnel compulsif)

le dégoût page 21

Affection qui se caractérise par la présence d'obsessions et/ou de compulsions, qui reviennent sans arrêt et peuvent devenir handicapantes.

5

Modeste

la fierté page 26

Qui est modéré dans l'appréciation de soi-même, qui n'a pas d'orgueil, de vanité. Qui ne cherche pas à se mettre en avant.

6

Prétentieux

la fierté page 27

Qui estime avoir une certaine supériorité, qui cherche à se mettre en valeur pour des qualités qu'il n'a pas.

7

Se lécher les babines

l'impatience page 28

Se lécher les lèvres en signe de satisfaction avant ou après un bon repas. Signe de désir, d'envie.

8

Stimuler

la peur page 36

Encourager quelqu'un à agir, à poursuivre son action, son effort.

9

Boulimie

le plaisir page 39

Trouble du comportement alimentaire caractérisé par un besoin incontrôlable d'absorber de la nourriture en grande quantité en peu de temps.

10

Monotone

la surprise page 40

Qui est uniforme, sans variété, sans imprévu.

11

Les éditions Clochette

www.editions-clochette.fr

Illustrations de Laure Monloubou - N° Éditeur : 2-35450 / ISBN : 979-10-91965-46-0 / Dépôt légal : Janvier 2018

Conforme à la loi n° 49-956 du 16 juillet 1949 sur les publications réservées à la jeunesse.
Imprimé en Union Européenne par l'intermédiaire de www.alphabook.fr
Conception graphique : amarantedesign.com - Sophie Fournier Villiot & Charlotte Tharreau